님께

드립니다

주후 년 월 일

웨스트민스터
소요리문답서

초판 발행 1996년 7월 30일
초판 27쇄 2017년 3월 20일
개정판 1쇄 2018년 2월 20일
개정판 6쇄 2025년 10월 1일

편집·제작 대한예수교장로회총회 출판부
발행 대한예수교장로회총회
출판등록 제1977-000003호

주소 06177 서울특별시 강남구 영동대로 330
전화 (02) 559-5655~6
팩스 (02) 6940-9384
인터넷서점 www.holyonebook.com

ISBN 978-89-8490-824-6 03230

웨스트민스터

소요리문답서

대한예수교장로회총회

머 리 말

오늘날 이단이 난무하고 교파가 다양한 가운데 신앙과 사상이 혼미한 때를 맞이하고 있습니다. 이 시대야말로 말씀을 올바로 해석하여 하나님을 바로 알고 바른 예배를 드리며 말씀 위에 굳게 서는 신앙지침이 필요한 때입니다. 이러한 점에서 웨스트민스터 소요리문답서는 성경대로 바로 믿고 정도를 걷는 데 많은 도움을 주리라 믿습니다. 장로교 신학의 표준인 웨스트민스터 표준문서 중 소요리문답은 현재까지 가장 사랑을 받아온 교리문답(Catechism)이 되어 왔습니다. 성경의 진리를 실제적이면서도 간결하게 전달해주기 때문입니다.

웨스트민스터 소요리문답(Westminster Shorter Catechism)은 영국에서 청교도 운동이 일어나 칼빈주의 신학에 입각하여 당시 국교회(성공회)에 대하여 철저한 개혁을 요구하는 가운데 만들어진 웨스트민스터 표준문서(Westminster Standards) 중 하나입니다. 당시 영국 국교회는 무기력했고, 사회가 어지러웠으며 의식적인 예배와 교권주의적인 교회 정치가 팽배하였습니다. 이러한 현

실에서 벗어나 성경대로 하나님을 믿고 예배드리며 교회를 다스리기 원하는 개혁주의 신앙가들이 이 표준서를 제정하였던 것입니다.

1643년 7월 1일부터 1649년 2월 22일까지 5년 8개월 동안 151명의 대표들이 기도하며 1,163회에 이르는 정규 모임과 수많은 토의를 통해 제정하여 1647년부터 발표된 다섯 가지 신앙의 표준서(Standards)는 신앙고백서(총 33장), 대요리문답(총 196문답), 소요리문답(총 107문답), 예배 모범, 교회정치였습니다.

이번에 발행하는 소요리문답서는 내용은 변함이 없으며 글자를 크게 하고 새롭게 편집하여 읽기에 편하도록 하였습니다. 이 작은 책이 교회를 든든히 세우고 건강한 신앙생활에 선한 도구로 사용되기를 기도합니다.

대한예수교장로회총회

출판국

문 1　사람의 제일 되는 목적이 무엇인가?

답　사람의 제일 되는 목적은 하나님을 영화롭게 하는 것과 영원토록 그를 즐거워하는 것이다.

(고전 10:31, 롬 11:36, 시 73:24～26, 요 17:22～24)

문 2　하나님께서 무슨 규칙을 우리에게 주시어 어떻게 자기를 영화롭게 하고 즐거워할 것을 지시하셨는가?

답　신구약 성경에 기재된 하나님의 말씀은 어떻게 우리가 그를 영화롭게 하고 즐거워할 것을 지시하는 유일한 규칙이다.

(갈 1:8～9, 사 8:20, 눅 16:29～31, 24:27, 44, 요 15:11, 딤후 3:15～17, 벧후 3:2, 15, 16)

문 3 성경이 제일 요긴하게 교훈하는 것이 무엇인가?

답 성경이 제일 요긴하게 교훈하는 것은 사람이 하나님에 대하여 어떻게 믿을 것과 하나님께서 사람에게 요구하시는 본분이다.

(미 6:8, 요 5:39, 20:31, 3:16, 고전 10:11, 롬 15:4, 요일 1:3~4)

문 4 하나님은 어떤 분이신가?

답 하나님은 신이신데 그의 존재하심과 지혜와 권능과 거룩하심과 공의와 인자하심과 진실하심이 무한하시며, 무궁하시며, 불변하시다.

(요 4:24, 시 90:2, 말 3:6, 약 1:17, 왕상 8:27, 렘 23:24, 사 40:22, 시 147:5, 롬 16:27, 창 17:1, 계 19:6, 사 57:15, 요 17:11, 계 4:8, 신 32:4, 시 100:5, 롬 2:4, 출 34:6, 시 117:2, 출 3:14, 시 145:3)

문 5 하나님 한 분 밖에 또 다른 하나님이 계신가?

답 한 분뿐이시니 참되시며 살아 계신 하나님이시다.
(신 6:4, 렘 10:10, 요 17:3, 고전 8:4)

문 6 하나님의 신격에 몇 위가 계신가?

답 하나님의 신격에 삼위가 계시니 성부와 성자와 성령이신데 이 삼위는 한 하나님이시다. 본체는 하나요 권능과 영광은 동등이시다.
(고후 13:13, 마 3:16~17, 28:19, 고후 8:14, 요 1:1, 17:5, 행 5:3~4, 히 1:3)

문 7 하나님의 예정이 무엇인가?

답 하나님의 예정은 그 뜻대로 하신 영원한 경륜이신데, 이로 말미암아 자기의 영광을 위하여 모든 되어가는 일을 미리 작정하신 것이다.
(엡 1:11, 행 4:27~28, 시 33:11, 엡 2:10, 롬 9:22~23, 11:33, 행 2:23)

문 8 하나님께서 그 예정을 어떻게 이루시는가?

답 하나님께서 그 예정을 이루시는 것은 창조와 섭리하시는 일로 하신다.
(계 4:11, 엡 1:11, 단 4:35, 사 40:26)

문 9 **창조하신 일이 무엇인가?**

답 창조하신 일은 하나님께서 엿새 동안에 아무 것도 없는 중에서 그 권능의 말씀으로써 만물을 지으신 일인데 다 매우 좋았다.
(히 11:3, 계 4:11, 창 1:1, 31, 시 33:9)

문 10 **하나님께서 사람을 어떻게 지으셨는가?**

답 하나님께서 사람을 남녀로 지으시되 자기의 형상대로 지식과 공의와 거룩함이 있게 지으사 모든 생물을 주관하게 하셨다.
(창 1:27, 골 3:10, 엡 4:24, 창 1:28)

문 11 **하나님의 섭리하시는 일이 무엇인가?**

답 하나님의 섭리하시는 일은 지극히 거룩함과 지혜와 권능으로써 모든 창조물과 그 모든 행동을 보존하시며 치리하시는 일이다.
(시 145:17, 시 104:24, 히 1:3, 시 103:19,

마 10:29~30, 느 9:6)

문 12 사람이 창조함을 받은 본 지위에 있을 때에 하나님께서 저를 향하여 섭리하시는 중에 무슨 특별한 작정을 하셨는가?

답 하나님께서 사람을 창조하신 후에 완전히 순복하는 것을 조건으로 삼아 생명의 언약을 맺고 선악을 분별하는 나무의 실과를 먹는 것은 사망의 벌로써 금하셨다.

(창 2:16~17, 롬 5:12~14, 10:5, 눅 12:25~28, 갈 3:12)

문 13 우리 시조가 창조함을 받은 본 지위에 그대로 있었는가?

답 우리 시조가 임의대로 자유함을 인하여 하나님께 죄를 범함으로 창조함을 받은 본 지위에서 타락하였다.

(창 3:6~8, 고후 11:3, 롬 5:12)

문 14 죄가 무엇인가?

답 죄는 하나님의 법을 순종함에 부족한 것

이나 혹 어기는 것이다.

(요일 3:4, 약 4:17, 롬 3:23, 4:5, 약 2:10)

문 15 우리 시조가 창조함을 받은 본 지위에서 타락하게 된 죄가 무엇인가?

답 우리 시조가 창조함을 받은 본 지위에서 타락하게 된 죄는 그 금하신 실과를 먹은 것이다.

(문 13 참조, 창 3:6, 12~13)

문 16 모든 인종은 아담의 첫 범죄 중에 타락하였는가?

답 아담으로 더불어 언약을 세운 것은 저만 위하여 하신 것이 아니요, 그 후 자손까지 위하여 하신 것이므로 그로부터 보통 생육법으로 출생하는 인종은 모두 그의 안에 있어서 그의 첫 범죄에 참여하여 그와 함께 타락하였다.

(행 17:26, 문 12 참조, 창 1:18, 2:17, 고전 15:21~22)

문 17 이 타락이 인종으로 하여금 어떠한 지위에 이르게 하였는가?

답 이 타락은 인종으로 하여금 죄와 비참한 처지에 이르게 하였다.

(롬 5:12, 갈 3:10)

문 18 사람이 타락한 지위에서 죄 되는 것이 무엇인가?

답 사람이 타락한 지위에서 죄 되는 것은 아담의 첫 범죄에 유죄한 것과 근본 의가 없는 것과 온 성품이 부패한 것인데 이것은 보통으로 원죄라 하는 것이요, 아울러 원죄로 말미암아 나오는 모든 죄다.

(롬 5:12, 18~19, 고전 15:22, 롬 5:6, 엡 2:1~3, 롬 8:7~8, 창 6:5, 약 1:14~15, 마 15:19)

문 19 사람이 타락한 지위에서 비참한 것이 무엇인가?

답 모든 인종이 타락함을 인하여 하나님과 교제가 끊어지고 또 그의 진노와 저주 아래 있어서 생전에 모든 비참함과 사망과 영원한 지옥의 벌을 받게 되었다.

(창 3:8, 24, 엡 2:3, 롬 5:14, 6:23, 막 9:47 ~48)

문 20 하나님께서 모든 인종을 죄와 비참한 지위에서 멸망하게 버려두셨는가?

답 하나님께서 홀로 그 선하신 뜻대로 영원부터 구속받을 자들을 영생 얻게 하시려고 선택하시고 은혜의 언약을 세우셔서 구속자로 말미암아 저희를 죄와 비참한 지위에서 건져 내시고 구원의 자리에 이르게 하려 하셨다.

(엡 1:4~7, 딛 1:2, 3:4~7, 갈 3:21, 롬 3:20 ~22, 요 17:6)

문 21 하나님의 선택하신 자의 구속자가 누구신가?

답 하나님의 선택하신 자의 구속자는 다만 주 예수 그리스도뿐이신데, 그는 하나님의 영원한 아들로서 사람이 되셨으니 그 후로 한 위에 특수한 두 가지 성품이 있어 영원토록 하나님이시요 사람이시다.

(딤전 2:5, 요 1:1, 14, 요 10:30, 갈 4:4, 빌 2:5~11, 롬 9:5, 골 2:9, 히 13:8)

문 22 그리스도께서 하나님의 아들로서 어떻게 사람이 되셨는가?

답 하나님의 아들 그리스도께서 사람이 되신 것은 참몸과 지각 있는 영혼을 취하사 성령의 권능으로 동정녀 마리아에게 잉태되어 탄생하셨으나 죄는 없으시다.

(요 1:14, 히 2:14, 마 26:38, 눅 1:31~42, 갈 4:4, 히 4:15, 7:26, 눅 2:5)

문 23 그리스도께서 우리의 구속자로 무슨 직분을 행하시는가?

답 그리스도께서 우리의 구속자로 선지자와 제사장과 왕의 직분을 행하시되 낮아지시고 높아지신 두 지위에서 하신다.

(행 3:22, 히 5:5~6, 4:14~15, 계 19:16, 사 9:6~9, 시 2:6)

문 24 그리스도께서 어떻게 선지자의 직분을 행하시는가?

답 그리스도께서 선지자의 직분을 행하시는 것은 우리를 구원하고자 하시는 하나님의 뜻을 그 말씀과 성령으로 말미암아 우리에게 나타내시는 것이다.

(요 15:15, 20:31, 벧후 1:21, 요 14:26, 1:1, 4, 18, 16:13, 히 1:1~2)

문 25 그리스도께서 어떻게 제사장의 직분을 행하시는가?

답 그리스도께서 제사장의 직분을 행하시는 것은 단번에 자기를 제물로 드려 하나님의 공의에 만족하게 하며 우리를 하나님으로 더불어 화목하게 하시고 또 우리를 위하여 항상 간구하시는 것이다.

(히 7:25, 9:14, 28, 롬 3:26, 10:4, 히 2:17)

문 26 그리스도께서 어떻게 왕의 직분을 행하시는가?

답 그리스도께서 왕의 직분을 행하시는 것은 우리로 하여금 자기에게 복종하게 하시고 우리를 다스리시며 보호하시고 자기와 우리의 모든 원수를 막아 이기시는 것이다.
(시 110:3, 사 33:22, 고전 15:25, 행 12:17, 18:9~10, 2:36)

문 27 그리스도의 낮아지심이 어떠한가?

답 그리스도의 낮아지심은 곧 그의 강생하심인데 또한 비천한 지위에 나셔서 율법 아래 복종하시고 금생에 여러 가지 비참함과 하나님의 진노하심과 십자가에서 저주의 죽음을 받으시고 묻히셔서 얼마 동안 죽음의 권세 아래 거하신 것이다.
(눅 2:7, 빌 2:6~8, 고후 8:9, 갈 4:4, 사 53:3, 마 27:46, 눅 22:41~44, 갈 3:13, 고전 15:3~4)

문 28 그리스도의 높아지심이 어떠한가?

답 그리스도의 높아지심은 사흘 만에 죽은 가운데서 다시 살아나신 것과 하늘로 올라가신 것과 하나님 아버지의 우편에 앉아 계신 것과 마지막 날에 세상을 심판하러 오시는 것이다.

(고전 15:3~4, 행 1:9, 엡 1:19~20, 행 1:11, 17:31)

문 29 우리로 어떻게 그리스도의 사신 구속에 참여하게 하시는가?

답 우리로 그리스도의 사신 구속에 참여하게 하시는 것은 그의 성령께서 우리에게 구속을 효력 있게 적용하심을 인함이다.

(요 1:12~13, 3:5~6, 딛 3:5~6)

문 30 성령께서 그리스도의 사신 구속을 우리에게 어떻게 적용하셨는가?

답 성령께서 그리스도의 사신 구속을 우리에게 적용하시는 것은 우리 안에 믿음을 일으키시고 또 효력 있는 부르심으로써 우리를 그리스도와 연합하게 하시는 것이다.

(엡 2:8, 요 15:5, 고전 1:9, 고전 6:17, 벧전 5:10, 엡 4:15~16, 갈 2:20)

문 31 효력 있는 부르심이 무엇인가?

답 효력 있는 부르심은 하나님의 신이 하시는 일이니 우리의 죄와 비참을 깨닫게 하시고 또 우리의 마음을 밝혀 그리스도를 알게 하시고 우리의 의지를 새롭게 하시고 우리를 권하사 능히 복음 중에 값없이 주시는 예수 그리스도를 믿도록 하시는 것이다.

(딤후 1:8~9, 엡 1:18~20, 행 2:37, 행 26:28, 겔 11:19, 36:26~27, 요 6:44~45, 엡 2:5, 살후 2:13, 빌 2:13)

문 32 효력 있는 부르심을 받은 자들은 금생에서 무슨 유익을 얻는가?

답 효력 있는 부르심을 받은 자들은 금생에서 의롭다 하심과 양자로 삼는 것과 거룩하게 하심을 얻고 또 금생에서 이와 함께 받는 여러 가지 유익과 여기서 나오는 여러 가지 유익을 받는다.

(롬 8:30, 엡 1:5, 고전 1:30)

문 33 의롭다 하심은 무엇인가?

답 의롭다 하심은 하나님의 값없는 은혜로 정하신 것인데 저가 우리의 모든 죄를 사유하시고 그 앞에서 우리를 옳게 여겨 받으시는 것이니 이는 다만 그리스도의 의를 우리에게 돌려 주심인데 우리는 오직 믿음만으로 받는 것이다.

(엡 1:7, 고후 5:19~21, 롬 4:5, 3:22, 24, 25, 5:17~19, 4:6~8, 5:1, 행 10:43, 갈 2:16)

문 34 양자로 삼는 것이 무엇인가?

답 양자로 삼는 것은 하나님의 값없는 은혜로 정하신 것인데 이로써 우리를 하나님의 자녀의 수효 중에 들게 하시고 그 모든 특권을 누리게 하시는 것이다.

(요일 3:1~2, 요 1:12, 롬 8:17)

문 35 거룩하게 하신 것이 무엇인가?

답 거룩하게 하신 것은 하나님의 값없는 은혜의 역사이신데 이로써 우리가 하나님의 형상을 좇아 온 사람이 새로워짐을 얻고 점점 죄에 대하여서는 능히 죽고, 의에 대하여서는 능히 살게 되는 것이다.

(살후 2:13, 엡 4:23~24, 롬 6:4, 6, 14, 8:4, 벧전 1:2)

문 36 금생에서 의롭다 하심과 양자로 삼으신 것과 거룩하게 하심에서 함께 받는 유익과 여기서 나오는 유익이 무엇인가?

답 금생에서 의롭다 하심과 양자로 삼으신 것과 거룩하게 하심에서 함께 받는 유익과 여기서 나오는 유익은 하나님의 사랑을 확실히 아는 것과 양심의 화평한 것과 성령 안에서 얻는 쾌락과 은혜의 증가함과 끝까지 굳게 참는 것이다.

(롬 5:1, 2, 5, 14:17, 골 1:10~11, 잠 4:18, 엡 3:16~18, 벧후 3:18, 렘 32:40, 요일 2:19~27, 계 14:12, 벧전 1:5, 요일 5:13, 요 1:16, 빌 1:6)

문 37 신자가 죽을 때에 그리스도에게서 무슨 유익을 받는가?

답 신자가 죽을 때에 그 영혼이 완전히 거룩

하게 되어 즉시 영광 중에 들어가고 그 몸은 여전히 그리스도께 연합하여 부활할 때까지 무덤에서 쉰다.

(눅 23:43, 16:23, 빌 1:23, 고후 5:6~8, 살전 4:14, 롬 8:23, 계 14:13, 19:8, 행 7:55~59, 요 5:28)

문 38 신자가 부활할 때에는 그리스도에게서 무슨 유익을 받는가?

답 신자가 부활할 때에는 영광 중에 다시 살아남을 입어 심판날에 밝히 안다 하심과 죄 없다 하심을 받고 완전히 복을 받아 영원토록 하나님을 흡족하게 즐거워하는 것이다.

(고전 15:42~43, 마 25:33~34, 10:32, 살전 4:17, 시 16:11, 고전 2:9)

문 39 하나님께서 사람에게 요구하시는 본분이 무엇인가?

답 하나님께서 사람에게 요구하시는 본분은 그 나타내 보이신 뜻을 복종하는 것이다.

(신 29:29, 미 6:8, 삼상 15:22, 눅 10:28)

문 40 **하나님께서 자기에게 복종할 규칙으로 사람에게 처음 나타내 보이신 것이 무엇인가?**

답 하나님께서 자기에게 복종할 규칙으로 사람에게 처음 나타내 보이신 것은 도덕의 법칙이다.

(롬 2:14~15, 10:5)

문 41 **이 도덕의 법칙이 어디에 간략히 포함되었는가?**

답 이 도덕의 법칙은 십계명에 간략히 포함되었다.

(마 19:17~19, 신 10:4)

문 42 **십계명의 대강령이 무엇인가?**

답 십계명의 대강령은 우리의 마음을 다하고 성품을 다하고 뜻을 다하고 힘을 다하여 주 우리 하나님을 사랑하고 또 이웃 사랑하기를 자기 몸과 같이 하라 하신 것이다.

(마 22:37~40)

문 43 십계명의 서문이 무엇인가?

답 십계명의 서문은 이러한 말이니 곧 나는 너희 하나님이시니 너를 종 되었던 애굽 땅에서 나오게 한 자로다 하신 것이다.

(출 20:2, 신 5:6)

문 44 십계명의 서문이 우리에게 교훈하는 것이 무엇인가?

답 십계명의 서문이 우리에게 교훈하는 것은 하나님께서 주도 되시고, 우리 하나님도 되시고 또 우리의 구속자도 되시는 고로 우리가 마땅히 그의 계명을 지켜야 하겠다 하는 것이다.

(신 11:1, 벧전 1:17~19)

문 45 제 일 계명이 무엇인가?

답 제 일 계명은 「나 외에 다른 신을 위하지 말라」 하신 것이다.

(신 5:7, 출 20:3)

문 46 제 일 계명이 명하는 것은 무엇인가?

답 제 일 계명이 우리에게 명하는 것은 하나님은 유일한 참신이 되심과 우리의 하나님이 되심을 알고 승인하여 그대로 그에게 경배하며 영화롭게 하라 하는 것이다.
(대상 28:9, 신 26:17, 마 4:10, 시 95:6~7, 29:2)

문 47 제 일 계명이 금하는 것은 무엇인가?

답 제 일 계명이 금하는 것은 참신을 하나님으로 알지 아니하거나 우리의 하나님으로 경배하지 않고 영화롭게도 하지 아니하는 것과 그에게만 드리기에 합당한 경배와 영화를 다른 이에게 드리는 것이다.
(롬 1:20~21, 시 81:11, 14:1, 롬 1:25)

문 48 제 일 계명 중에 「나 외에」라 한 말씀이 우리에게 특별히 교훈하는 것이 무엇인가?

답 제 일 계명 중에 「나 외에」라 한 말씀이 우리에게 특별히 교훈하는 것은 만물을 보시는 하나님이 아무 다른 신을 위하는 죄를 내려다보시고 분하게 여기시는 것이다.

(대상 28:9, 시 44:20~21, 시 134:1~3, 신 30:17~18)

문 49　제 이 계명이 무엇인가?

답　제 이 계명은 「우상을 만들지 말지니 위로 하늘에 있는 것이나 아래로 땅에 있는 것이나 땅 아래 물 속에 있는 것의 무슨 형상이든지 만들지 말고 절하지 말고 섬기지 말라 나 여호와 너의 하나님은 질투하는 신이시니 나를 미워하는 자에게는 아비의 죄를 자손 삼사 대까지 이르게 하고 나를 사랑하며 내 계명을 지키는 자에게는 은혜를 수천 대까지 베풀리라」 하신 것이다.

(출 20:4~9)

문 50　제 이 계명이 명하는 것이 무엇인가?

답　제 이 계명이 명하는 것은 하나님이 그 말씀 중에 정하신 종교상 모든 예배와 규례를 받아 순종하며 깨끗하고 완전하게 지키라 하는 것이다.

(신 12:32, 32:46, 마 28:20)

문 51 제 이 계명이 금하는 것이 무엇인가?

답 제 이 계명이 금하는 것은 우상으로 하나님을 경배하거나, 하나님의 말씀에 정하지 아니한 어떤 다른 방법으로 경배하는 것이다.

(신 4:15~16, 17~19, 행 17:29, 신 12:30~32)

문 52 제 이 계명이 「지키라」 한 이유가 무엇인가?

답 제 이 계명에 지키라 한 이유는 하나님이 우리의 주재가 되시며 우리의 소유주가 되시며 홀로 자기에게만 경배하는 것을 바라시는 것이다.

(시 95:2~3, 45:11, 출 34:14, 시 100:3, 고전 10:22)

문 53 제 삼 계명이 무엇인가?

답 제 삼 계명은 「너희 하나님 여호와의 이름을 망령되이 일컫지 말라 여호와의 이름을 망령되이 일컫는 자를 죄 없다 아니하리라」 하신 것이다.

(출 20:7)

문 54　제 삼 계명이 명하는 것은 무엇인가?

답　제 삼 계명이 명하는 것은 하나님의 이름과 칭호와 속성과 규례와 말씀과 행사를 거룩하고 존경하는 마음으로 사용하라 하는 것이다.

(시 29:2, 마 6:9, 계 15:3~4, 말 1:14, 시 138:2, 107:21~22, 전 5:1, 시 104:24)

문 55　제 삼 계명이 금하는 것은 무엇인가?

답　제 삼 계명이 금하는 것은 무엇이든지 하나님이 자기를 나타내신 것을 훼방하거나 악용하는 것이다.

(말 2:2, 레 19:12, 마 5:34~35)

문 56　제 삼 계명이 「지키라」 한 이유가 무엇인가?

답　제 삼 계명에 지키라 한 이유는 이 계명을 범하는 자가 비록 사람에게는 형벌을 피할지라도 주 우리 하나님은 저희로 하여금 그 의로우신 심판을 피하지 못하게 하시는 것이다.

(신 28:58~59)

문 57　제 사 계명이 무엇인가?

답　제 사 계명은 「안식일을 기억하여 거룩한 날로 지키라 엿새 동안에 네 모든 일을 힘써 하고 제 칠일은 너희 하나님 여호와의 안식일이니 너나 네 자녀나 네 노비나 네 육축이나 네 문안에 유하는 객이라도 일 하지 말라. 엿새 동안에 여호와가 하늘과 땅과 바다와 그 가운데 만물을 지으시고 제 칠일에 쉬셨으니 그러므로 여호와가 안식일을 거룩한 날로 삼고 복을 주셨느니라」 하신 것이다.

(출 20:8~11)

문 58　제 사 계명이 명하는 것은 무엇인가?

답　제 사 계명이 명하는 것은 하나님의 말씀 중에 명하신 절기를 그의 앞에 거룩히 지키는 것이니 특별히 칠일 중에 하루를 종일토록 그의 안식일로 삼으라 하는 것이다.

(레 19:3, 신 5:12, 사 56:2~7)

문 59　하나님께서 칠일 중에 어느 날을 안식일로 명

하셨는가?

답 세상 시작으로부터 그리스도의 부활하시기까지는 하나님이 이레 중에 일곱째 날을 안식일로 명하셨고, 그 후로부터 세상 끝날에 이르기까지는 이레 중에 첫날로 명하셨으니 곧 그리스도인의 안식일이다.
(창 2:3, 눅 23:56, 행 20:7, 고전 16:2, 요 20:19, 출 16:23)

문 60 어떻게 하여야 안식일을 거룩하게 하겠는가?

답 안식일을 거룩하게 하는 것은 그날 종일을 거룩하게 쉼으로 할 것이니 다른 날에 합당한 여러 가지 세상 일과 오락까지 그치고 그 시간을 공사간의 예배에 바쳐 사용할 것이요, 그 외에는 사세 부득이한 일과 자선 사업에 사용할 수 있다.
(레 23:3, 출 16:25~29, 렘 17:21~22, 눅 4:16, 사 58:3, 행 20:7, 마 12:11, 막 2:27)

문 61 제 사 계명이 금하는 것은 무엇인가?

답 제 사 계명이 금하는 것은 그 명한 바 의무를 이행하지 아니하거나 혹 주의하지 아니하여 나태함으로써 그 날을 더럽게 하거나 죄 되는 일을 행하거나 세상의 여러 가지 일과 오락에 대하여 불필요한 생각과 말과 행동을 하는 것이다.

(겔 22:26, 말 1:13, 겔 23:38, 사 58:13, 렘 17:24, 27)

문 62 제 사 계명이 「지키라」 한 이유가 무엇인가?

답 제 사 계명에 지키라 한 이유는 하나님이 우리의 행할 여러 가지 일을 위하여 여섯 날을 허락하시고 제 칠일은 자기가 특별히 주장하는 이가 되었다 하심과 자기가 친히 모범을 보이신 것과 안식일을 축복하신 것이다.

(출 31:15~16, 레 23:3, 출 31:17, 창 2:3)

문 63 제 오 계명이 무엇인가?

답 제 오 계명은 「네 부모를 공경하라 그리하면 너희 하나님이 준 땅에서 네가 오래 살리라」 하신 것이다.

(출 20:12)

문 64 제 오 계명이 명하는 것은 무엇인가?

답 제 오 계명이 명하는 것은 각 사람에게 그 속한 지위와 인륜 관계 곧 상하와 평등을 따라 높일 자를 높이고 행할 일을 하라 하는 것이다.

(엡 5:21~22, 6:1, 5, 9, 롬 13:1, 12:10, 레 19:32, 롬 8:1)

문 65 제 오 계명이 금하는 것이 무엇인가?

답 제 오 계명이 금하는 것은 각 사람에게 그 속한 지위와 인륜 관계를 따라 마땅히 높일 것과 행할 일을 하게 하지 아니하는 것이나 막는 것이다.

(롬 13:7~8)

문 66 제 오 계명이 「지키라」 한 이유가 무엇인가?

답 제 오 계명에 지키라 한 이유는 이 계명을 지키는 모든 자에게 장수함과 흥왕하는 복을 허락하심이니 다만 하나님께 영광을

돌리고 사람에게 이익이 있도록만 주시는 것이다.

(엡 6:2~3)

문 67 제 육 계명이 무엇인가?

답 제 육 계명은「살인하지 말라」하신 것이다.

(출 20:13)

문 68 제 육 계명이 명하는 것은 무엇인가?

답 제 육 계명이 명하는 것은 일체 합리한 법대로 우리의 생명과 남의 생명을 힘써 보전하라 하는 것이다.

(마 5:21, 시 82:3~4, 욥 29:13, 왕상 18:4, 엡 5:29~30)

문 69 제 육 계명이 금하는 것은 무엇인가?

답 제 육 계명이 금하는 것은 불의하게 우리의 생명이나 이웃의 생명을 빼앗거나 해하는 일들이다.

(행 16:28, 창 9:6, 마 5:22, 요일 3:15, 갈 5:15, 잠 24:11~12, 출 21:18~32, 신 24:6)

문 70　제 칠 계명이 무엇인가?

답　제 칠 계명은 「간음하지 말라」 하신 것이다.
(출 20:14)

문 71　제 칠 계명이 명하는 것은 무엇인가?

답　제 칠 계명이 명하는 것은 생각과 말과 행동으로 우리와 및 이웃의 정조를 보존하라 하는 것이다.
(마 5:28, 엡 4:29, 골 4:6, 벧전 3:2, 살전 4:4~5, 고전 7:2, 엡 5:11~12)

문 72　제 칠 계명이 금하는 것은 무엇인가?

답　제 칠 계명이 금하는 것은 모든 깨끗지 못한 생각과 말과 행동이다.
(마 5:28, 엡 5:3~4)

문 73　제 팔 계명이 무엇인가?

답　제 팔 계명은 「도적질하지 말라」 하신 것이다.
(출 20:15)

문 74　제 팔 계명이 명하는 것은 무엇인가?

답　제 팔 계명이 명하는 것은 합리한 법대로 우리와 남의 재물과 산업을 얻고 또 증진하라 하는 것이다.

(살후 3:10~12, 롬 12:17, 잠 27:23, 레 25:35, 빌 2:4, 잠 13:4, 20:4, 24:30~34, 신 15:10)

문 75　제 팔 계명이 금하는 것은 무엇인가?

답　제 팔 계명이 금하는 것은 우리와 남의 재물과 산업을 불의하게 방해하거나 혹 방해될 만한 일이다.

(딤전 5:8, 엡 4:28, 잠 21:6, 살후 3:7~10, 잠 28:19, 약 5:4)

문 76　제 구 계명이 무엇인가?

답　제 구 계명은 「네 이웃을 해하려고 거짓 증거하지 말라」 하신 것이다.

(출 20:16)

문 77　제 구 계명이 명하는 것은 무엇인가?

답 제 구 계명이 명하는 것은 특히 증거할 때에 피차 진실함과 또 우리와 이웃의 명예를 보존하며 증진하게 하라 하는 것이다.
(잠 14:5, 25, 슥 8:16, 벧전 3:16, 행 25:10, 요삼 1:12, 엡 4:15)

문 78 제 구 계명이 금하는 것은 무엇인가?

답 제 구 계명이 금하는 것은 무엇이든지 진실함에 해 되는 일이나 혹은 이웃의 명예를 상하게 하는 것이다.
(잠 19:5, 9:16~19, 눅 3:14, 시 15:3, 골 3:9, 시 12:3, 고후 8:20~21)

문 79 제 십 계명이 무엇인가?

답 제 십 계명은 「네 이웃의 집이나 아내나 노비나 소나 나귀나 네 이웃에 있는 것을 탐내지 말라」 하신 것이다.
(출 20:17)

문 80 제 십 계명이 명하는 것은 무엇인가?

답 제 십 계명이 명하는 것은 우리 처지를 만

족히 여기며 이웃과 그 있는 모든 것에 대하여 의롭고 사랑하는 마음을 품으라 하는 것이다.

(히 13:5, 롬 12:15, 빌 2:4, 고전 13:4~6, 딤전 6:6, 레 19:18)

문 81 **제 십 계명에 금하는 것이 무엇인가?**

답 제 십 계명에 금하는 것은 우리의 처지를 부족히 여기거나 이웃의 행복을 시기하거나 한하거나 이웃에 있는 모든 물건에 대한 불의한 행동과 감정이다.

(고전 10:10, 갈 5:26, 골 3:5)

문 82 **아무 사람이나 능히 하나님의 계명을 완전히 지킬 수 있는가?**

답 타락한 후로 사람만으로는 금생에서 하나님의 계명을 완전히 지킬 수 없고 날마다 생각과 말과 행동으로써 범한다.

(왕상 8:46, 요일 1:8~2:6, 창 8:21, 약 3:2, 8, 롬 3:9~10, 8:8)

문 83 법을 범한 모든 죄가 다 같이 악한가?

답 어떠한 죄는 그 본질과 여러 가지 얽힌 끝이 있으므로 하나님 앞에서 다른 죄보다 더 악함이 있다.

(시 19:13, 요 19:11, 마 11:24, 눅 12:10, 히 10:29)

문 84 범한 죄마다 마땅히 받을 보응이 무엇인가?

답 범한 죄마다 받을 보응은 이 세상과 오는 세상에서 하나님의 진노와 저주다.

(갈 3:10, 마 25:41, 약 2:10)

문 85 우리가 죄를 인하여 하나님께 받을 진노의 저주를 피하게 하려고 하나님이 우리에게 요구하시는 것이 무엇인가?

답 우리가 죄를 인하여 하나님께 마땅히 받을 진노와 저주를 피하게 하려고 하나님이 우리에게 요구하시는 것은 예수 그리스도를 믿는 것과 생명에 이르는 회개와 그리스도가 우리에게 구속의 유익을 전하는 여러 가지 나타내는 방법을 힘써 사용하라는 것이다.

(행 20:21, 막 1:15, 요 3:18, 문 88 참조, 벧후 1:10, 히 2:3, 딤전 4:16)

문 86 예수 그리스도를 믿는 것은 무엇인가?

답 예수 그리스도를 믿는 것은 곧 구원 얻는 은혜인데 이로 말미암아 복음 중에 우리에게 주신 대로 구원을 얻기 위하여 우리가 예수를 영접하고 그에게만 의지하는 것이다.

(히 10:39, 요 6:40, 1:12, 빌 3:9, 행 16:31, 계 22:17)

문 87 생명에 이르는 회개가 무엇인가?

답 생명에 이르는 회개는 곧 구원 얻는 은혜인데 이로 말미암아 죄인이 자기 죄를 참으로 알고 또 그리스도 안에서 하나님의 긍휼하심을 깨달아 자기 죄를 원통히 여기고 미워함으로 죄에서 떠나 하나님께로 돌아가서 든든하게 결심하고 마음과 힘을 다하여 새로이 순종하는 것이다.

(행 11:18, 2:37, 욜 2:13, 고후 7:11, 렘 31:18~19, 행 26:18, 시 119:59, 눅 1:77~79, 고후 7:10, 롬 6:18)

문 88 그리스도께서 우리에게 구원의 유익을 전하시려고 나타내시는 보통 방법이 무엇인가?

답 그리스도께서 우리에게 구원의 유익을 전하시려고 나타내시는 보통 방법은 그의 규례인데 특별히 하나님의 말씀과 성례와 기도이다. 이것이 모두 그 택하신 자에게 효력이 되어 구원을 얻게 한다.

(마 28:19~20, 행 2:41~42)

문 89 하나님의 말씀이 어떻게 효력이 되어 구원을 얻게 하는가?

답 하나님의 말씀을 읽는 것과 특히 강설하는 것으로써 하나님의 신이 효력 있는 방법을 삼아 죄인을 반성시켜 회개하게 하시며 또 믿음으로 말미암아 거룩함과 위로를 더하셔서 구원에 이르게 하신다.

(시 19:7, 119:13, 히 4:12, 살전 1:6, 롬 1:16,

16:25~27, 행 20:32, 느 8:8, 약 1:21, 롬 15:4, 딤후 3:15)

문 90 하나님의 말씀을 어떻게 읽고 들어야 효력이 되어 구원을 얻는 방도가 되는가?

답 하나님의 말씀이 우리로 하여금 구원을 얻게 하는 방도가 되게 하려면 마땅히 부지런함과 예비함과 기도함으로써 생각하며 믿음과 사랑을 우리 마음에 두고 행실에 나타낼 것이다.

(잠 8:34, 눅 8:18, 벧전 2:1~2, 시 119:18, 히 4:2, 살후 2:10, 시 119:11, 18, 눅 8:15, 약 1:25, 신 6:6~7, 롬 1:16)

문 91 성례가 어떻게 효력이 되어 구원을 얻게 하는 방도가 되는가?

답 성례가 효력이 되어 구원을 얻게 하는 방도가 되는 것은 성례 자체로 말미암음도 아니요, 베푸는 자의 덕으로 됨이 아니라, 다만 그리스도의 축복함으로 되며 또 믿음으로 성례를 받는 자 속에 성령이 역사

하심으로 되는 것이다.
(벧전 3:21, 행 8:13, 23, 고전 3:7, 6:11, 12:13, 롬 2:28～29)

문 92 성례가 무엇인가?

답 성례는 그리스도께서 세우신 거룩한 예식인데 그리스도와 그 새 언약의 유익을 깨닫는 표로써 표시하여 인쳐 신자들에게 적용하는 것이다.
(마 28:19, 26:26～28, 롬 4:11)

문 93 신약의 성례가 무엇인가?

답 신약의 성례는 세례와 성찬이다.
(마 28:19, 고전 11:23, 행 10:47～48)

문 94 세례가 무엇인가?

답 세례는 물을 가지고 성부와 성자와 성령의 이름으로 씻는 성례인데 우리가 그리스도에게 접합(接合)됨과 은약(恩約)의 모든 유익에 참여함과 주님의 사람이 되기로 약조함을 표시하여 인치는 것이다.

(마 28:19, 갈 3:27, 롬 6:3~4)

문 95 세례는 어떠한 사람에게 베푸는가?

답 세례는 불신자들이 그리스도를 믿고 고백하며 그에게 복종하는 데까지 이르러야 베풀 것이요, 또 입교한 자의 자녀에게 베푸는 것이다.

(행 2:41, 창 17:7, 10, 갈 3:17~18, 29, 행 2:38~39, 18:8, 고전 7:14)

문 96 주의 성찬이 무엇인가?

답 주의 성찬은 곧 성례이니 그리스도의 정하신 대로 떡과 포도즙을 주며 받는 것으로 그 죽으심을 나타냄이다. 합당하게 받는 자들은 육체와 정욕으로 참여함이 아니요, 믿음으로써 그의 몸과 피에 참여하여 자기의 신령하게 받은 양육과 은혜 중에서 장성함으로 그의 모든 효험을 받음이다.

(마 26:26~27, 고전 11:26, 10:16, 엡 3:17, 행 3:21)

문 97 주의 성찬에 합당하게 참여하려면 어떻게 하여야 하는가?

답 주의 성찬에 합당하게 참여하려면 마땅히 주님의 몸을 분별할 줄 아는 것과 주님으로써 양식을 삼는 믿음과 회개와 사랑과 서로 순종함에 대하여 스스로 살필 것이니 합당하지 않게 참여하면 두렵건대 먹고 마시는 것이 정죄함을 자청함이 될 것이다.

(고전 11:27~29, 요 6:53~56, 슥 12:10, 요일 4:19, 갈 5:6, 롬 6:4, 17~22)

문 98 기도가 무엇인가?

답 기도는 그리스도의 이름으로 우리의 기원을 하나님께 고하고 그의 뜻에 합당한 것을 간구하여 죄를 자복하며 그의 자비하신 모든 은혜를 감사하는 것이다.

(요 16:23, 시 62:8, 요일 5:14, 단 9:4~6, 빌 4:6, 시 10:17, 145:19, 요일 1:9)

문 99 하나님께서 우리의 기도를 지시하려고 주신

법칙이 무엇인가?

답 하나님의 모든 말씀이 우리의 기도를 지시함에 유용한 것이나 특별히 지시하신 법칙은 그리스도께서 그 제자들에게 가르치신 기도니 보통으로 주기도문이라 하는 것이다.

(딤후 3:16~17, 요일 5:14, 마 6:9, 시 119:170, 롬 8:26)

문 100 주기도문의 첫 말씀이 우리에게 무엇을 교훈하는가?

답 주기도문의 첫 말씀은 곧 하늘에 계신 우리 아버지여 한 것이니 이는 자식이 그 능하고 보호하시기를 예비한 아버지에게 가는 것과 같이 우리가 모든 거룩하게 공경하는 뜻과 든든한 마음으로 하나님께 가까이 오는 것을 가르치고 또 우리가 다른 사람으로 더불어 기도하고 다른 사람을 위하여 기도하라 가르친 것이다.

(사 64:9, 눅 11:13, 롬 8:15, 엡 6:18, 행 12:5, 슥 8:21, 딤전 2:1~2)

문 101 첫 기도에 우리가 무엇을 구하는가?

답 주기도문 첫 기도는 곧 이름을 거룩하게 하옵소서 함인데 하나님께서 자기를 나타내시는 모든 일에 우리와 다른 이로 하여금 능히 그를 영화롭게 하고 또 모든 것을 처리하여 하나님의 영광에 이르게 하옵심을 구하는 것이다.

(시 67:1~3, 살후 3:1, 시 145편, 사 64:1~2, 롬 11:36, 계 4:11)

문 102 둘째 기도에 우리가 무엇을 구하는가?

답 주기도문의 둘째 기도에 나라이 임하옵소서 함은 사단의 나라가 멸망하고 은혜의 나라가 흥왕하여 우리와 다른 사람으로 하여금 그리로 들어가 항상 있게 하시고 또 영광의 나라가 속히 임하게 하옵심을 구하는 것이다.

(시 68:1, 살후 3:1, 시 51:18, 67:1~3, 롬 10:1, 계 22:20, 벧후 3:11~13, 마 9:37~38, 요 12:31)

문 103 주기도문의 셋째 기도에 우리가 무엇을 구하는가?

답 주기도문의 셋째 기도는 뜻이 하늘에서 이룬 것같이 땅에서도 이루어지이다 함인데 하나님께서 은혜를 베푸시사 우리로 하여금 능히 감심(甘心, 기꺼이 받아들이는 마음)으로 범사에 그의 의지를 알고 순종하며 복종하기를 하늘에서 천사들이 행함과 같이 하게 하옵시기를 구하는 것이다.

(시 119:34~36, 행 21:14, 시 103:20~22, 마 26:39, 빌 1:9~11)

문 104 주기도문의 넷째 기도에 우리가 무엇을 구하는가?

답 주기도문의 넷째 기도는 곧 오늘날 우리에게 일용할 양식을 주옵소서 함인데 하나님의 은사로써 이 세상에서 여러 가지 좋은 것 중에 만족할 부분을 받게 하시며 아울러 그의 복을 누리게 하옵심을 구하는 것이다.

(잠 10:22, 30:8~9, 딤전 6:6~8)

문 105 주기도문의 다섯째 기도에 우리가 무엇을 구

하는가?

답 주기도문의 다섯째 기도는 곧 우리가 우리에게 죄 지은 자를 사하여 준 것같이 우리의 죄를 사하여 주옵소서 함이니 하나님께서 그리스도를 인하여 우리의 모든 죄를 값없이 사하여 주옵소서 함인데 우리가 그의 은혜를 힘입어 능히 진심으로 다른 이의 죄를 사하였은즉 더욱 용감히 간구하는 것이다.

(시 51:1, 2, 7, 롬 3:24~25, 눅 11:4, 마 18:14, 35, 6:15, 막 11:25)

문 106 주기도문의 여섯째 기도에 우리가 무엇을 구하는가?

답 주기도문의 여섯째 기도는 곧 우리를 시험에 들지 말게 하옵시고 다만 악에서 구원하옵소서 하는 것이니 이는 하나님이 혹 우리를 시험에 들지 아니하게 하시거나 시험을 당할 때에 우리를 보호하여 구원하옵소서 하는 기도이다.

(마 26:41, 시 19:13, 고전 10:13, 시 51:10,

12, 요 17:15)

문 107 주기도문의 마지막 구절이 우리에게 무엇을 교훈하는가?

답 주기도문의 마지막 말씀은 곧 대개 나라와 권세와 영광이 아버지께 영원히 있사옵나이다 아멘 하는 것이니 이는 우리로 하여금 기도할 때에 하나님만 믿고 또 기도할 때에 그를 찬송하여 나라와 권세와 영광이 아버지께 있다 하라고 가르친 것이다. 또 우리가 우리의 원하는 뜻의 증거와 들으실 줄 아는 표로 아멘 하는 것이다. (단 9:18~19, 대상 29:11~13, 계 22:20~21, 빌 4:6, 고전 14:16)